Sateen sielut

Omistettu kadotetuille, eksyneimmistä eksyneimmille veljille ja siskoille, masentuneille ja kipeille. Sekä Sopimusvuoren Verstaalle, ja surutyöntekijöille ympäri maailman.

Joni Järvi-Laturi

Sateen sielut

I

Tippuvat illat

asunnoissa tulee suuria oivalluksia
ja niiden ulkopuolella vaikeuksia

ja kaikki joita rakastan
asunnoissa tulevat rentoutumaan
parvekkeen tippuvissa illoissa
kaupungin laidan pimeyden
herkkien verkosto
tuulenhavina hiljaista parveketta vasten

kerro kaikille ystävilleni
haluan kohdata kaikki,
pakenevia tupakoitsijoita
neuroottisissa ruumiissa

Ruotsi, Ranska, Iso-Britannia
sielut pakenevat yhteistä nautintoa
suomalainen melankolia,
kasvatettu odottamaan

olen väsynyt taas
olen yrittänyt taas

ja nyt minun sydämeni on täysi

Ruotsi, Ranska, Iso-Britannia
verkosto kuin putki seinän takana
hauraat, hennot, viritetyt naiset
hauraat, hennot, viritetyt naiset
sateen ääni, lehtien humina
aah, mutta Heli rakastin sua

olen väsynyt taas
olen yrittänyt taas

Robin ja Robin

kaksi vanhempaa naista rakasti heitä
vahvojen hoitajien punainen huulipuna

nuoret naiset usein halveksuivat heitä
sitova yhteinen moraalinen krapula

viaton toive äänessä tuki hädässä
kaunis ystävyys loi miehuuteen unta

kuin prostituoidut, kömpelöjä ja herkkiä
satoja heikkouksia laihoissa poskissa

Helsingin liassa
jalokivet unohdettuja
Helsingin liassa
kauniit petojen illassa

puhelinkeskustelussa tutkivat tähdissä
lokeroidun puheen runoudessa runoutta

loputon professorien älyllinen hätä
huulten rikkinäisyydessä sana "mama"

puheessa loputonta miehistä hämäryyttä
kukaan ei luottanut mieheen ajattelevaan

nojaavat naiselliseen ruumisarkkuun siellä
ikuinen side naisten merkkien vihassa

Jean ja Jean

    olit kuin unohdettu ystävä
et ikinä huomannut tahraa peilistä
olit kuin sokaistunut ystävä
jossain muualla, kun itseäni nöyryytän

    mies kirjoittaa hädän ajatuksia paperille,
sekalaisia ajatuksia, asunto täynnä ajatuksia

nainen sopeutuu kaikkeen, ei välitä kivusta
juttelee välinpitämättömästi ja vapautuu

    olin kuin unohdettu ystävä
et ikinä huomannut tahraa peilistä
olin kuin sokaistunut ystävä
jossain muualla, kun itseäsi nöyryytät

    naisten hajoittamat miehet, isälliset tuet,
poikamainen juttelu, alistuneet miehet,

täytyy tehdä jotain, vaikka muut kieltää
säälittävän taistelun yksityiskohdat

Sateen sielut

Yksinäinen elämä
kuljen hilseisenä kallona hississä
sairaalassa en löydä samanhenkisiä
joskus pelkään etten olekaan herkkä
siten että olisin paikalla todella läsnä

Lempeyden elämä
sade olkoon logomme, sielumme aate
parvekkeella kun katsot silmieni lävitse
tunnen kuinka ihoni värikirjaimia vilisee
ja tunnet kuinka sieluasi koskettaa suihke

Sateen elämä
tuntea suuren lämmön laskeutuvan
sielunsa viattomimpaan kohtaan
antamalla äärimmäisen hartian
toisen salattuun, pahimpaan kohtaan

Kodin elämä
joskus kyllästyttää normaaliuden ansa
täällä kaikkien täytyy outoutensa paljastaa
täällä naisten täytyy miehet kukistaa
jotta mies voi kerrankin olla vapaa

Solidaarisuuden elämä
kun näkee herkän sielun olevan tyhmä
puolustaa silti milloin tahansa sitä
sillä itsekin on pettänyt niin itsensä
ja noussut ylittämään omaa kykyä

Älyn elämä
meidän täytyy uskoa kehitykseen
että tutkija löytyisi kaikille ihanuuksille
meidän täytyy uskoa esitykseen
vaikka esitys on kadonnut turhuuteen

Unelman elämä
niin sivistynyt on herkän ihmisen unelma
kuin kynänterää pitelevä kyyhkyskatras
terässä sielu päätyy muut voittamaan
kun heikkouksilleen uskaltaa nauraa

Yöhönulvojat

Mama, mä uskon kaupunkiin
yön verkosto pauhaa illan tupakansavussa
Mama, elämä on juuri alkanut
meri on kaupunki, ranta täynnä yöhönulvojia

Mama, uu-u-u-uu
verkostossa kiertää tupakkakopin huminaa
vaik' ollaan jo valmiit ulos sairaalan huulipunasta
pihan sumu sokeutti uskomaan vain iltaan

sairauskertomukset sauhuavat hämähäkinverkossa
karismaattiset pedot hoitajan vihreissä puvuissa
hyvästi kaikki, hyvästi sopeutuminen
täytyy jättää kaikki löytääkseen itsensä

Mama, uu-u-u-uu
en halua saada sua itkemään
täällä on solidaarista
ja vahvat ovat kaikki samasta puusta

näen pienen siluetin mielessä
minä rakastan parvekkeella tupakoida
parvekkeelta tippuu tupakoita
minä rakastan päiviä suunnitella
julisteet, valokuvat, tuhannet tarinat

joten luulette että voitte
ennakkoluuloilla musertaa unelman
joten luulette että voitte
kyynisillä lauseilla päättää unelman

ooh, yeah
ooh, yeah

millään onko väliä
kuka tahansa voi nähdä illan
millään onko väliä
kun ilta sauhuaa, baarit ulvovat

parvekkeen lehdet kauneudesta muistuttaa
laulujen värit riemuitsevat asunnossa

yö kun tulee se sinkoutuu höyryjunan lailla
päivisin käymme rauhallisessa paikassa

II

14.8.1990

tuuli havisee päiväsairaalan unessa, puheessa
14.8.1990 kuin piirongin alla oleva päiväkirja
kuin ala-asteen oma vihreä televisiokanava
uudet syksyn tapahtumat haalistuvat nykyaikaan

surutyöntekijät taas ahdinkoasi lohduttaa
14.8.1990 kuin muste kirjeessä valkeassa
kuin unisauna, kuin piirretyt veitset palavana
uudet syksyn voittajat elämäänsä julistavat

et ehkä sääliäni kaipaa, kun lennät vuosien taa
14.8.1990 kuin salapoliisi meren rannalla
kuin kulkematon uni, jossa kaikki ratkeaa
uudet syksyn vahvat taas selviävät piruistaan

ääretön melankolia taas kuihtuu ryhmän taa
14.8.1990 kuin tanssivat lapset puutarhassa
kuin äärimmäiseksi pyhitetty nainen kissana
uudet syksyn joen tulvivan mä nään ruudussa

sairaus taas jatkaa, potilaan rikkinäisessä puheessa
14.8.1990 kuin hyppivät satuhahmot viattomat
kuin äärimmäiseksi pyhitetty lapsuus pipossa
uuden syksyn joen tulvivan mä nään mustuudessa

taas hetken lähempänä kuolemaa, surua
14.8.1990 kuin joutsenet mustat, lapsen sanoilla
kuin laulukirjan omat sopukat huoneessa
uudet syksyn laulut mä näen onnellisten huulilla

Mustan sateen ufot

    Musta sade, sinä olet meidän nimemme
musta sade, meidän nimemme salainen
YouTuben seinän Illuminatista kertovat huudot
häpeämättömät Facebookin mielisairaalahuudot
me tunnemme kunniaa, emme kuule sanoja aina
Musta sade viipyy sanojen mustassa veressä
Musta sade viipyy sanojen mustassa veressä
musta huulipuna, rajat tahdikkuuden
    elämme unessa tai sitten mielisairaalan kipukohdissa
Raivo! Raivo!
On pyhä sana hiljaisuus
se viipyy tuulen sanoissa
ufo lentää Nevadan aavikolla
Suomalainen nainen juo suoniensa alkoholia
kirjoittaa tekstiä hiuksillaan
sen musta veri valuu lavuaarin hukkaan
tai talteen johonkin salattuun paikkaan
Musta sade, musta sade
Sade piirtyy seinän taululle
    Kriisikeskukseen jäävät huudot, sielu
Se paranee oikeassa paikassa
    Suomen Poliisi vapauttaa vankilasta
rikostarinat viipyvät yön katveessa
    musta sade pauhaa pimeässä metsässä
    ja sade on rahinaa ihollamme
mutta kukaan ei ole keksinyt...
Vapautusta

Aavikkolaulu

    samalla kun aurinko lämmittää intiaanien niskoja
samalla kun myrsky koskettaa hippien ihoja
samalla kun aallot vierivät tehden hetkestä laihempaa
    toisella puolen kaupunkia, nykyaikaista kaupunkia

    me jatkamme yrittämistä
jotkut eivät halua toiselle puolen
me jatkamme yrittämistä
jotkut eivät näe toiselle puolen

    samalla kun elämme tyhjiössä median alla
samalla kun elämme hysterian vallan alla
samalla kun noudatamme alhaisinta latteutta

    me jatkamme yrittämistä
olemme tyhmiä ja älykkäitä
me jatkamme yrittämistä
olemme tyhmiä ja älykkäitä

    aika voi olla mitä vaan
aika voi olla aavikko
sinä voit olla mitä vaan
sinä voit olla aavikko

kaikilla on väylä
    maallisista puolista luopumiseen
kaikilla on väylä
tuntea itsensä edes hiukan laihemmaksi

    läpi surujen, läpi sähkötulvien
älä ota kaupunkia todesta

läpi surujen, läpi billboard-taulujen
älä ota kaupunkia todesta

    aavikolla näen ääriviivoja tyylikkyyden
joissa tanssivat siinä mitä painokkaasti sanoo
ne tanssivat sielun rytmissä, sydämen tahdissa
kuuluisa rytmi, kuin olisi oma merensä

    ihmiset muuttuneet veitsenteriksi poskipäissä
ihmiset muuttuneet vitsin huipennukseksi
aavikkoa pitää kuvata jatkuvasti että se saa vettä
aavikkoa pitää tukea jatkuvasti että se saa vettä

Parvekelaulu

minua kylmää pelkkä ajatuskin nykyajasta
minua kylmää pelkkä ajatuskin nykyisistä paikoista
näkis kaikki ajat ja paikat oikeassa valossaan
rakkauden vähäiseksi, tiedon tietämättömyydeksi

ja nyt kun olen rajavartiolaitoksessa,
en enää usko rajojen palaavan
ja nyt kun olen rajavartiolaitoksessa,
en kuule laulua parvekkeesta

me internetiin eksyneet madonsyömät madot
ja vahvat pitävät huolta sähköisen liiman kivijaloista

kuka vaatii yksinkertaista aikakautta
mielettömässä planeetassa
kun jokainen on uhri ylimystön liimalle
vaikka olisi kuinka vahva luonteeltaan
kuka vaatii sanomaan mitä yksinkertaisuuden jäljet ovat
kun jäljet ovat sekoittuneet tuhansiin valheisiin

luo uusi ilon muoto
luo uusi paikan muoto
luo verkkaisen ajan muoto
luo uusi rakkauden muoto postikortteihin
mahdottoman kuplan sisältä

Keisarileikattu

aikakausi on masentunein aikakausi mitä on
aikakausi on masentunein aikakausi mitä on
päivä toisensa jälkeen toivot luonnollista syntymää
mutta olet arvottomassa kuplassa
ja olet tyhjässä "ajan" osastossa
	me piiloudumme elokuvateatteriin
	ja aikakausi on rumin aikakausi mitä on

	aikakausi on masentunein aikakausi
aikakausi on masentunein aikakausi
emmekä halua olla ketään muita
emmekä halua palauttaa aitoa virtaa
olemme vankeina teknologiassa
emmekä saa kuin palvoa kyseenalaisuutta
ja ahneina elokuvateatterissa kuolemme

	kun on monia vitsejä, ei mitään vakavaa
kun on loputtomia teitä, ei yhtä kertomusta

	ja viisaus on keisarileikattu nykyajassa
ja katsot rakkauden kohdettasi jossain silmiin
se hengittää pelon valtakuntaa, eri ihoa
ja verkko pimittää kaiken, halventaa elämän
ja aikakausi on rumin aikakausi mitä on

	valokuva-albumeissa mielen pölykerrokset
herkkyys, hellyys ei enää muuta maailmaa
	ja aikakausi on masentunein aikakausi
eikä ole mitään mitä kukaan voisi tehdä

III

Rikottu nukke

   sä voit lähtee, et pysty poistuu
salakavalasti kylmyys maahamme roiskuu
uusi suomi olisi hedelmällinen, lämmin, rikas
uudella maalla, uudet suonet sanoissa kirjoituksissa
kuin kissat tanssisivat pitkin baarien maaperää
täynnä punaista keinahtelua, ilman kuivuutta siiderinsä
tummat huokaukset keventäisivät kyläyhteisöä
kuin puheterapeutti tanssittaisi häpeän mykistämää
kirjoita isolla voimalla, seinään, tääl' on oltu
lähihoitajien asenne saa kyyneleeni polkuun

   rikotuksi synnyin,
on uni vain koti ollut

   Mars ja Saturnus keinahtelisivat pitkin klubien
tanssilattiaa
buddhisti klubilla kuuntelisi tajuntansa nirvanaa
ja veljeyden ruohot jaettaisiin päällä ruohokummun
   eikä olisi eksyneitä, sydämiä kylmiä alla hääpuvun
liftari uittaisi karismaansa ilman facebookia
uija liftaisi kirjallisuutta ilman älypuhelinta
ylväät ajatukset täyttäisivät kotoisen happikehän
kuin keltaiset sienet, keltaisen maaperän
ei olisi talven kielessä kaamosmasennusta
ei olisi uutuuksissa muuta kuin unelman tekoa

   tämä on sekä totta että harhaa
ei lämmintä ilman kylmää ☹

Rautatieasemalaulu

kellot lyövät, kolisevat hetket
kuin jäinen käsi laitettu sydämen jäälle
kuulee kriisikeskuksen huudot selässään
ne teurastavat sieluja mielessään

särjetyn peilin rumuus ja kello tikittää
"olen syypää kaikkeen ja silti en nää"
veli kuoli 10-vuotiaana, ei voinut mitään
isosisko on nyt muistuttamassa ryhdistä

taulun rätinä siitä muistuttaa
sisko näkee vain unta till Helsingfors

sanomalehden symboleita ei pääse karkuun aina
"kun minä olen kuningatar, näet minut puhtaampana"
junien galaksissa muuttuisimme avaruusolennoiksi
anoreksia, mielen taivas, salailut, valheet, pallo kristallin

internetin talviset, välittämisen lumikidesanat
ajatuksille ei voinut mitään, ne ovat lukkojen takana
"näen tulta ja savua, talojen alla, ja metsissä havupui-
den"
pikkusisko tekee itsemurhan sen jälkeen kun hyvästelee

taulun rätinä siitä muistuttaa
sisko näkee vain unta till Helsingfors

sada alas	kiskoilla on puhdasta	sada alas
sada alas	kiskoilla on puhdasta	sada alas
sada alas,	kerran se sattuu	sada alas,
sada alas	kipu on kuolemaa	sada alas

hyvästelyn sade   kuolemaa pahempaa   sada paljon
hyvästelyn sade   pahempaa kuolemaa   sada vaan

26

Lattiapatjaillat

voitko kertoa mihin maani menee
sanoi herkkä mies rakkaalleen
se menee sinne kaupungin kylmyydessä
hänen kuolleena syntynyt vallankumouksensa

sanomalehti toteaa aina samoja asioita
hämyt sairastuneet ja vahvat voittajat
raiskataan herkkyyttä euro eurolta
syödään Suomea pala palalta

liityy tanssiin
nuoret puhtaat naiset kerrostaloasunnossa
heidän persoonansa niin raikas, puhdas, vapaa
kuin amerikkalainen joki
uomiltaan täyttynyt malja

YouTuben videot lämmittävät kerrostaloja
satelliitit ufot lentävät mustalla taivaalla
partiolaisen kirjahyllyssä solidaarisuutta
kaide kiiltää, naisen asunto sisäkadulla
mies opettelee soittamaan pianoa puheellaan
hahmot jatkavat, naiset kulkevat mihin vaan

heijastuksia, ruumiista
lattiapatjaillat
iltapäivän makaaberi marionetti

Helmi-Suomen kanssa
teatterinäyttelijöiden illat televisiossa
ja masentuneen juonteet valuavat lavuaariin

arvokas masennus, mummomaisuus kaupungissa

    helmet ovat täällä kovien sanojen alla
niiden alla on toisia helmiä
kuin sadetta sateen alla
sinistä taivasta, valkoista lunta, enemmän alla

    lihava nainen sanoo vastalauseen
pelaa korttipeliä kohtalon kanssa laitamilla
    parvekkeella on rauhaisaa
satelliitit ufot ovat laskeutumassa

Helsinki-Helsinki

myrskyisinä öinä kun en saa unta
kirjoitan satamaan uutta tarinaa
varjoissa elää puoli valtakuntaa
herätäkseen traumaan, apatiaan

kuolleena syntyneet apua kaipaavat
kirjeet loistavat talven lumessa
laiva kulkee pitkin jäistä merta
myrsky ulvoo entistä komeampana

en laula hellyydestä
sut painan rintaa vasten
alla Helsingin on vanha Helsinki

parvekkeen lasissa on lunta
sanojen alla on helmiä, sadetta
myrskyn sanoissa on hulluutta
radiossa kuuluu nyt rauhallisuutta

en luovu taistelusta
en vaikka hylkäisitte
alla sanojen on uudet sanat

sanat loistavat kirjeen paperilla
lumi tekee surusta puhtaamman
kulttuurin sanat itseparodiaa
mutta kirjeissä sanoja taivaallisia

on sairas isänmaamme

sillä on vain suorat sanat
alla 2010-luvun on 1970-luku

en pettää saata elämää

NUKKE JA AVARUUSLAPSET

(Mulholland Drive OST)

   aavikolla kävelee kaksi miestä autolle
Obama valitaan ensimmäiselle kaudelle
mies puhuu puhelimessa pimeässä huoneessa
stand-up-keikalla hälisee kapinoiva koomikko
psykedeelisen goottibändin solisti laulaa keikalla
hän liittyy mukaan, radiossa soi musiikkia

radiossa soi myös hiljaista puhetta, auton radiossa
auto kulkee yöllä salaiseen tapaamispaikkaan
aavemusiikkia parkkipaikalla, kihojen tavatessa
dokumentin varjoiset hetket, otteita historiasta
kaksi miestä vetävät peyotea aavikon päivässä
jäljet johtavat rinteen tummaan talvi-iltaan

talossa ruotsalainen mies katsoo nostalgista kasettia
kasetista hän saa idean ja soittaa dokumentaristille
tummaihoinen mies tekee päätöksen lentokoneessa
vanha salamurha paljastetaan uudessa dokumentissa
megafonit kirkuvat, dokumentin jyrkkä ääni mölisee
parvekkeelta näkyy valoinen automeri joka surisee

soittaa miehelle joka käy uimahallin saunan puheissa
maatilan asuntoautossa sotaveteraani puhuu kapinasta
backstagella haastateltava huutaa omia totuuksiaan
kartassa näkyy Venäjän rajat joihin Obama on yhtey-
dessä

salaisessa asiakirjassa näkyy salakuuntelun puolustamis-
ta
nukke ja avaruuslapset, valta pysyy ja sankarit huutavat

NUORI SUOMALAINEN NAINEN

kädet heiluvat kesän vapaudessa

käy festivaaleilla, käy kaikkialla

tanssii vanhassa 90-luvun musiikkiohjelmassa

soittaa viulua kurinsa vallassa

mä tartten lämpöä, anna anna anna

kätten ihossa leijailevat joutsenten valta

vaatteet taas lymyävät jonkun sängyn alla

vapaus jatkaa liitoaan nuoruuden tuulessa

 rullaportaissa tuhannet kevään taiat

taas kirkuu nettitekstit, vaihda vaihda vaihda

urbaanissa valtakunnassa ei vaihdu valta

yön pimeydessä bussi kulkee, kulkee aina

puistoissa on kylmää, siellä housuni poistan

sydän on kompassini, kylmään siihen vielä luotan

häviän tämän taistelun ja tulen aina häviämään

SIELUNVELJET

muistatko kuten minä
vai muistatko toisin:
vuosikymmen pyöri
huvipuiston karusellissa

tunsitko kuten minä
vai tunsitko toisin:
valkoisen kissan viattomuus,
koulujen ovien kalmankalpeus

muistitko vielä enemmän
vai muistitko vain vähemmän:
laihtuneet poskipäät, kasvot
vanhassa ohjelmassa, kuin baletin

näitkö sen kuin minä
vai näitkö toisin:
kuin video pysähtyisi
jossain tärkeässä kohdassa

ja kuvan pysähtynyt hetki,
mitä näit sen loisteessa?
kuin kadonneen laivan
Suomen arkistotaivaassa

etsitkö sitä kuin minä
vai etsitkö sitä aivan toisin:
vanhentuneet lopputekstit
Pasilan arkistossa

olitko siellä kanssani
olinko sittenkin yksin:
    valokuva-albumien kasvot,
muistot kuin omenat appelsiinit

ja omenien appelsiinien värit
kuin yksinkertaisessa taivaassa:
kuin vanha optikko äidin omistama
kuin käsilaukut mainoksessa

onko talvi metallimasennusta
ja mennyt kesän balettia
olemmeko sielunveljiä
vai olemmeko yhä erillään

    etsitkö samaa kuin minä
samaa henkeä toisesta ovesta:
sanomalehden tiedot,
metro-aseman hyppääjän päätös

    aavistitko johtolangan,
päiväkirjan sivuilta:
uusi muisto, uusi salaisuus
jostain mielen lokerikosta

    oliko erilaista sinun pelkosi
vai jotain outoa omaani:
    sairaalan vanhuuden haju,
vuode kerroksen korkeudessa

    aavistitko sen kuin minä
vai aavistitko aivan toisin:

uuden wikipedian lumi
vanhan vuosikymmenen baletti

    suritko sitä kuin minä
vai suritko aivan toisin:
kuolleen näyttelijän hauta,
vanhanaikaiset sielun oksat

    teitkö sen kuin minä,
sen saman päätöksen:
puolustaa urbaania lupausta,
sielun perintöä tuleville

    onko talvi metallimasennusta
ja mennyt kesän balettia
olemmeko sielunveljiä
vai olemmeko yhä erillään

Merihaka-Pasila

anna rahaa anna
haluavat suurelta härältä valtaa
opettelevat tylyiksi opistoissa
mikään ei riitä, aina lisää vihaavat

anna rahaa anna
olen oppinut toisin tekemään täällä
kiemurtelen kaduilla tehden diilejä
minulla on paljon solidaarisia ystäviä

on varmaan niin että rakkaus odottaa
on varmaan niin että rakkaus odottaa

anna sydäntä anna
automaattisesti ottavat maailman julmana
opin isältäni paljon vaatimattomuudesta
hän seuraa nettiä keittiössä rauhassa

anna sydäntä anna
laitan hupun päälle Merihaan portaissa
narkomaanit toivovat enemmän minulta
Pasilassa olen ulkopuolisen komea

on varmaan niin että rakkaus odottaa
on varmaan niin että rakkaus odottaa

IV

Yössäeläjät

kaksi nuorta naista osastolla
yössä pelaavat korttia huoneessa
käytävällä istuessaan vaihtavat unelmiaan
jotka liittyvät yksinkertaiseen aikaan

oppineet elokuvista kaiken laadusta
meikkaavat kuin mallit kimalletta
viaton ajatusten juoksu virtaa
kun kylmät ovat hoitajien hartiat

hetken viipyy vuosikymmen vanha
kuin nurkissa naisten vaatteissa
yön pimeydessä pelon taakka
ajan hengen, yhteiskunnan tapa

ajat, paikat palaavat tajuntaan
menneen maailman suuret nurkat
kuin maailma ennen kerman kuorta
leipää, suolaa, viattomuuden loistetta

on ajan sydän jäätä tummaa
se liukastuttaa lumessa
on ajan mieli mukavuuden halua
se hävettää verkossa

käytävän varjot iholle palaavat
hoitajat käyttävät salaa huumeita
kusisesti pilkkaavat naispotilasta
pestessään tämän haurasta vartaloa

yön pimeydessä yksityiskohtia
putki kiertää pitkin seinän pintaa
yön rappiossa huudot palaavat
pimeän huoneen nurkassa valoa

päiväkirjassa punaisia symboleita
huoneessa hiljaisuuden sinfoniaa
käytävän nurkassa istuvat iloisina
odottaen ulos tupakalle menoa

pian on aika aamuun palautua
kahvi tuoksuu harmaassa krapulassa
maailmalla on välineet nykyajan
ja aamun sielussa niin vähän toivoa

Masentuneen naisen vapaapäivä

    rastoista hiukset, vaatteet goottikaupasta
ja mustasta räväkkä huulipuna
sydämestä lapsuuden nostalgia
ja 1980-luvun sanomalehtien musteet

    hän herää niihin musteisiin hikisiin taas
kuin runouteen, tippuvaan hiljaisuudesta
ei ehkä pysty enää koulun traumoja
ylittämään, yllättämään enää koskaan

    hänellä on ikuisesti apuja
ja koulukiusaajat olivat narsisteja
hän on ikuisesti rakkautta, toivoa
ja koulukiusaajat olivat vahvempia

    hän lainaa vanhan kirjan kirjastosta
palaa kaupungin laitaman asuntoonsa
hän katsoo elokuvan hiljaisuudessa
jossa vapautuu musiikkiin pilkkomustaan

    kuin marttyyri, hän tupakan polttaa
ottaa rakennuksen räystäästä valokuvan
katoaa illan ja yön kulttielokuvaan
kuin atk-bunkkeriin tai datahalliin asunnossa

    hänellä on ikuisesti hehkua
ja laitamilla hehkuu parempana
hänellä on ikuisesti päivää vapaata
ja laitamilla hehkuu surevana

Suuri aamu

hänen siskonsa haluaa häntä puolustaa
nainen tummatukkainen, sfinksiä muistuttava
hänen siskonsa lohduttaa häntä aamulla
nainen ujo, kaino, varpusta muistuttava

ja hän katsoo rauhoittavan ohjelman
ennen kouluunmenoa joka pelottaa
hän vanhan koulukunnan ohjelman
ennen alempiin arkisiin suihin kiskaisua

loputtomat keväät, loputtomat lehdet

suomalainen kurjuus, kuin mustuutta lumessa
suomalainen kurjuus, kuin alastomana tabuna
itämainen nainen, kuin silmänterän miekka
itämainen nainen, kuin vartalonsa valtikka

traumat ovat pelon kirjaimista luotuja
korvakorut käpertyvät korvan nipukkaan
tragedian ruusut hän ostaa kaupasta
kohtalon lumi lepää majakkana maassa

ja aamu on valmiina suureen maailmaan
mutta masennus on totuutta maailmasta
sen surussa lentää toinen kaupunki laitaman
jossa menneen maailman tehtaat huutavat

Elämää suurempaa

muistan ne valvotut yöt keltaisella rannalla
me olimme niin nuoria, me olimme niin viattomia
muistan ruohokummut, yksinkertaisen virran
muistan järvet ja laiturit, muistan sitä aitoutta

kaikki lähtivät aikuisuuden satamaan
minä jäin tarkkailemaan sitä ympäriltä
kaikki lähtivät merimiesten akatemiaan
minä jäin tarkkailemaan sitä ympäriltä

muistan jäätanssijat, muistan jäähallien tunnelman
kuin katsoisimme avaruutta talon katolta maaten
muistan talvet ja yöt, muistan jään hehkun illassa
kuin katsoisimme tähtitaivasta merisesti nauraen

kaikki lähtivät aikuisuuden satamaan
minä jäin unelmoimaan myöhäisilloista
kaikki lähtivät merimiesten akatemiaan
minä jäin unelmoimaan vanhoista radioista

muistan suuren lupauksen suuresta elämästä
muistan suuren porukan avaruuden alla
muistan suuren muumimaailman lapsuudessa
muistan suuren jatkumon, ihmisistä koostuvan

kuin samasta puusta veistettyjä hahmoja
kuin samasta puusta veistettyjä hahmoja
unohda kaikki viha välillämme illassa
liity elämää suurempaan unelmaan

taivaan sade, taivaan sade
pysy ympärillämme mukana
rukoilen et' saatat peittää
meidät puhtaudellas suurella

taivaankansi, taivaankansi
yllätä hellällä myrskyllä
jota voimme ihailla sisällä
sitä ja sinua rauhassa

Ruusukimppu

hänen asuntonsa sijaitsee ruusujen lomassa
hänen kaupunkinsa oranssien lehtien puistossa
hänen sielunsa vanhanaikaista kirjaa
hänen ruumiinsa sanomalehden paperia

häntä ei ole enää olemassa
hän oli ennen suuri näyttelijä, legenda
hänen olemassaolonsa on kuolemaa
päivisin käy salaisesti paikoissa

hänen aamunsa ovat keltaista paperia
hänen hahmonsa elää hänen kauttaan
hänen päivänsä majailevat unholan talossa
hänen talvensa talviunta, arvokasta

miten koruisia olivatkaan ajatukset
edellisen elämänsä, hehkuvamman
nyt korun alta on paljastunut kuoriainen
jonka mustuudessa kävelee sieluparka

sanomalehdestä mies lukee tietoa:

ruusukimppu, ruusukimppu
pelasta meidät turmiolta
ruusukimppu, ruusukimppu
älä kuole kaupungin keskellä

ja hän kulkee ukkosen viitoittamana metsäpolulla
ja hän kulkee metsän viitoittamana nuotion hiljaisuu-
dessa
ja hän kulkee myrskytalven viitoittamana pimeässä u-

dussa
ja hän kulkee lumisella tiellä kohti kuolonkankeutta

Memoria

(suurelokuvan aihio)

    kaikki alkoi lapsuudesta
jolloin pihapiiri huokui
1990-luvun italialaista jalkapalloa
    ala-aste oli idyllinen ja
    terveydenhoitajan huoneeseen
kurkistimme katsoaksemme tyttöä
Auld Lang Syne kuulosti kuin
nousisimme taivaan porteilta
läpi pilvisen paratiisin
    minulla Joonatanilla oli
sympaattisia partiolaisystäviä
viattomia neitsyeitä, hikisiä pipopäitä
tai jotain sen kaltaista
    tietenkin muistuu mieleen ne
aidot pihapelit, pelit joita keksittiin
sekä jäähallien, pukukoppien tuoksu
vhs-nauhat jotka ovat vieläkin tallella
mitä kaikkea niihin nauhotettiinkaan
kaikki ne ovat unohtuneet johonkin
90-luvun mielen pölyiseen, vanhaan aavikkoon
90-luku näkyy elokuvassa vanhentuneena, harmaana

    Joonatanin taivas on liikuntasalissa
jossa on teatterin lava
sen pimeydessä hän vanhana
kulkee sitä kohti

    kameran kuva heittelehtii
oikukkaasti kohti teatterin lavaa

unessa ja lavan vieressä on huone
jossa mikrofoni
vanha lapsuuden rakastettu kutsuu
muistelemaan elämää
ballerinan asussaan
valot ovat sammutettuja unessa

Murrosiässä Joonatan ajattelee Marionia joka elää
hänen unelmaelämäänsä.
Marion on dekadentti, hedonistinen älykkö joka on luke-
nut lapsuudestaan
saakka koko pihapiirinsä kirjaston läpi. Marion elää
Joonatanin mielessä.
Marionilla on useita naisystäviä sekä elämänsä rakkaus
Hilla joka on
itämaiselta naiselta muistuttava muusikko ja vapaaehto-
istyöntekijä.
Hillan asunto on kuin kurja, köyhä itämainen temp-
peli keskellä kaupunkia.
Seinällä on kartta leirintä-alueesta johon hän menee
öisin rauhoittumaan henkisesti.

Kristalliniemi on kuvitteellinen kaupunki.
Kaupungissa on psykiatrinen osasto
sen talvisessa pimeässä rappusessa
korkealla hän miettii kaupunkia
kaupunki piirretään kuvassa,
muuttuu viivoitetuksi unessa
Kristalliniemi on teatterinäyttelijöiden
ja mielenterveyskuntoutujien kaupunki.
Seurapiireihin pääsee jos on näyttelijä.
hän tapasi sairaalan ja avohoidon kautta
noin 1000 eri ihmistä, myöhemmin, vanhempana

petoksen jälkeen hän raihnaisena ja vanhana
ajatteli niitä jokaista kuin kallempia rakkaitaan
kuin kallisarvoisia kasvoja kasvojen sisällä,
poskia poskien sisällä, Vanhana hän käy
lapsuuden ystävänsä asunnossa joka on hänelle
hyvin rakas. Kerrostaloasunto joka on hellimmän
ystävän koti.

Niistä kuntoutujista vielä. Hän tapasi niin monentyyppi-
siä ihmisiä, kokonaisen ihmiskatraan että kokemus oli
huikea ja ihana. Skitsofreenikkoja, äänien kuulijoita, au-
tisteja ja lievästi kehitysvammaisia etc.

Joonatan meni teatterikouluun lapsuudenystävänsä
Tomin kanssa. Teatterikoulun opettaja antoi hänelle
lahjaksi viulun kuolinvuoteellaan. Kymmenestä oppilaas-
ta koostuva luokka oli kurinalaisen opettajan hellimä.
Joonatanin toinen ystävä Aki on temperamenttisempi
kuin viaton Tomi.

Teatteri-esitysten kohokohtia, glamour-elämää
2010-luvulla. Akin ja Joonatanin riitoja.

imdb-sivustolla oli kovin nostalgisia, vanhentuneita
vhs-kansia Joonatanin sedän, kuuluisista 1980-luvun
lopun ja 1990-luvun alun kuuluisista vanhentuneista
elokuvista. Setä nimeltään David kutsuu Joonatanin
Yhdysvaltoihin. Tämä oli hänen unelmaelämäänsä,
menestys ja läpimurto.

Hän näytteli yhteensä kolmessa eri elokuvassa en-
nen perikatoaan.

Kaliforniassa Joonatan poltti pilveä ystävänsä latinal-
ais-amerikkalaisen Hectorin kanssa aavikolla. He keskus-
telivat John F. Kennedyn salamurhasta, musiikista sekä
elokuvista. He tekivät road tripin yhdessä läpi Yhdysva-
ltojen. Tomi oli mukana.

He lauloivat psykedeelisiä lauluja hippien kanssa aavikol-
la, he lauloivat avaruuslauluja intiaanien kanssa aavikol-
la. Nuo kaksi viikkoa olivat mahtavia.

Joonatan rakastuu ruotsalaiseen Anetteen (oikealta
nimeltään Jeannette). He suutelevat parvekkeella New
Yorkissa.

Joku oli sotkenut Joonatanin murhamysteeriin, lava-
stanut hänet vaimonsa murhaan. Joonatan todettiin
syyttömäksi. Hän palasi Kristalliniemeen jossa
murhamysteeriä selvitettiin. Hän katsoi sitä televisiosta
baarissa. Joku näyttelijäkavereistako?

Joonatan elää unelmaelämäänsä katsoen vanhoja
amerikkalaisia klassikoita ystävänsä Hectorin kanssa
Beverly Hillsissä.

Käy vielä kerran ala-asteen pukuhuoneessa kaihoisasti ja
itkien muistelemassa paikkaa.

Joonatan makasi kuolinvuoteellaan, muistaen yhä
naisen lapsuudesta, ainoa mieleenjäävä muisto elä-
mästään. Hän hymyili ja kuoli.

"Vaikka minua ei enää ole olemassa, olen olemassa mu-

istoissa joita tuulisena kevätpäivänä tunnen ja ajatte-
len.”

V

Enigma

minulla ei ole enää muuta kuin
musta viitta, varjoni

mies käy elokuvateattereissa
erottuu varjollaan aikakaudesta
varjo on hopeista haarniskaa muistuttava
pimeässä elokuvateatterissa hän salailee salaisuuksiaan
jotka ovat sabotaasin ja tragedian luomia
herkkiä lintusia, perhosia,
sairaaloiden likainen vesi
rymisee portaikossa
hänellä on tapana murtaa nykyajan koodeja
saaden ideoita nykyajan kaikista puutteista

painotan, hänen tiensä, auransa ovat erilaisia
maassa jossa miltei ihmiset ovat kaikki yhtä
reippaita, terveitä, sileäposkisia ja urheilullisia
tai sitten julmia, teräviä, ovelia ja pienestä suuttuvia
miljoonien käskyjen inhottavassa maailmassa

suu tukittu niin monta kertaa että tukkii itsekin suunsa
nykyään

maailmasta on luotu inhottava mekaaninen, psyko-
loginen helvetti
jossa kaikkien täytyy joko sopeutua tai kuolla
vailla rauhaa tai mitään hiljaisuutta, hiljaisia paikkoja
jotka edes muistuttaisivat jostain inhimillisyydestä
vaikka mies on paha puhumaan, sillä hän on suojannut
sydämensä

nykyinen koodinmurtaja tietää totuuden olevan jo-
ssain tuolla
miehen tahto on vain kovin heikko
mitä muistat aikaisemmasta elokuvasta,
voiko kenenkään elämästä tehdä tulevaisuudessa
suurta elokuvaa:

"ja missä mies kävisi muuta kuin
legendaarisissa paikoissa
ja missä mies kävisi muuta kuin
klassikoiden urissa
ja missä mies unelmoisi muuta kuin
syvyyksien vesissä
ja missä mies seuraisi muuta kuin
nykymaailman pinnan alla"

valokuvia aikaisemmasta minästä;
valokuvia aikaisemmasta elokuvasta

korostan, sillä hetkellä elokuvateatterin pimeydessä
jotain kuoli maailmasta

tylyjen repliikkien kammottava, mekaaninen kolk-
kous

tekee sanaristikoita omassa valtakunnassaan

kokonainen sukupolvi...

miksi vihata ketään

ihmiset ovat suloisia hyytelöitä
hain ulkokuoren sisällä

    laittaa koko paletin lattialle, kuvat, koodit
katsoi osastolla miten ihmiset käyttäytyvät
täällä ei ole minkäänlaista tasa-arvoa
koodinmurtajalle, vanhan koulukunnan puolustajalle,
    vanhojen paikkojen ja sopukoiden puolustajille
    on ilkeys tai kuolema
    mekaanisessa maailmassa

    lähdetään oluelle keskustelemaan siitä
hulluudella hulluutta vastaan
tupakkakopissa huomaa
miten ihmiset karttavat rivien välisiä asioita
kuin tämä kaikki olisi sovittua
kuin kaikki lait olisivat sovittuja etukäteen

kylmä maailma jossa miltei kaikki ovat syyllisiä

    kun ostaa ristikkolehden,
sillä ei ole nykyään mitään merkitystä
kun ostaa tuotteen
sillä ei ole nykyään mitään merkitystä

    projekti-elämää, tehdä asioista projekteja

    ostaa gramofonin ja vanhan radion
varjon edelleen huutaessa rappion legendaa
ne lausuvat yhteen ääneen:
"jos suru savuaisi vielä kerran pyhän kasvoilla
jos maailma huokaisisi vielä kerran yhdelle ihmeelle
jos herkkyyden aate saisi vielä jalansijan julkisesti"

varjo huutaa, kulkee bussilla projektien paikkoihin
salaa kaiken, varjo on edelleenkin rappion hehkusta luo-
tu

hulluudella hulluutta vastaan
salaisuudella salaisuutta vastaan

koodinmurtaja, salaisuuksien ratkoja
aikakauden puutteiden tuoja

mutta siitä ei saa puhua,
mutta siitä ei saa lausua sanaakaan

Lappi

kuinka kaipaisinkaan kaupungista irti
Lappiin jonka teräksisessä maassa karaistuu

nuotion äärellä pääni yläpuolella mustaa
kodassa vierailisimme viimeisellä hetkellä

erämaassa tahdon ylivoima voittaa tuijotuksen
suu aukeaa kuin halutakseen juoda lakeutta

revontulet ja ränsistyneet, kosteat ovet
lampi jonka ympärillä jumaluuden metsää

juna jonka ovesta voisi hypätä ulos raiteille
samoilua urbaanin immeisen itsenäisellä iholla

he veivät maailmasta pyhyyden, arvokkuuden
ihosi Lappi on aina väkevyydellään edellä mua

vain yhden asian tiedän, yhden asian havaitsen
nämä materiat kaupungin kahlitsevat minua niin

viimeisessä Suomessa, sen viimeisessä paikassa
sen viimeinen viima huokuu kristallipalatsia

Suomen kuninkaallinen taus, avara lumimaa
ei tarvitse kuin levähtää ja unohtaa ihonsa

Projektielämää

meri tuo asuntoihin lämmintä ilmaa
kun masentuneet vierailevat toistensa luona
vanha jengi koossa lisävoimistuksella
ja asunnot pyhyyden jalustoilla koottuna

lämmin hehku vierailee netin illassa
projekteina lukeminen, klassista rockia
lämmin hehku vierailee pimeydessä kaduilla
projekteina vierailuja, tunteita asunnoissa

on kuin olisin keksinyt uuden tavan elää
on kuin olisin keksinyt uuden elämänfilosofian
on kuin olisin keksinyt miten vahvat nauttivat

on sydän murrettu alas
masentuneiden aamussa
on sydän vielä vähän pinnalla
masentuneiden illassa
on sydän kuin laivaa
onnellisten aamussa
on sydän ylpeästi pinnalla
onnellisten illassa

joku pääsi Luvattuun Maahan televisiossa
me keskustelemme siitä asunnon illassa
joku hiertää Kiinan taloutta ja ulkopolitiikkaa
me lukisimme siitä upeasti ravintolassa

ja kun kaduilla kävelisimme päällä maan
päätyisimme suuren dinosauruksen majaan
ja kun kaduilla kävelisimme päällä maan
päätyisimme suurten virtahepojen majakkaan

HOLMA

Tukholman kahviloissa
vielä vuodet liikkuvat mudassa
mutta internetin videossa
kaikuu kaupungin bohemia

Tukholman väentungoksessa
kierii modernin naisen paula
jonka ympärillä sielun lankaa
vettä jostain vanhasta huoneesta

hänen hiuksissaan
urbaanit kuoleman junat
hänen silmissään
raiteet, hotellin ikkunat
junat liikkuvat
silmänräpäysten tahdissa

Tukholman hotellissa
ikkunapielien legendaa
herään siellä yön aikana
pimeyteen kuin toimistossa

Tukholman illassa
kierii modernin naisen liha
jonka silmissä ruumiissa
meikatun enkelin itsemurhaa

    hänen sormillaan
piano kahvilan
hänen kasvoillaan
merinen taakka
meri aaltoaa
suun ilmeiden tahdissa

Silja

     on kuin olisin saanut tuhat luotia ruumiiseeni
Silja muistutti muusta
on kuin olisin saanut tuhat tikariniskua sieluuni
Silja muistutti vastakohdasta

     pelkällä äänellään, tietämättä omistani
pelkällä sielullaan, tietämättä omastani

on kuin olisin saanut tuhat luotia terveyteeni
Silja muistutti muusta
on kuin olisin saanut tuhat iskua mieleeni
Silja muistutti vastakohdasta

     pelkällä levollisuudellaan, tietämättä hädästäni
pelkällä kauneudellaan, tietämättä rumuudestani

     Siljan iho on solisevaa puroa,
Siljan silmät lohduttavat taivaasta
Siljan ääni on ylempänä taivasta
Siljan ruumis puhtauden puutarhaa

     ja huulensa kuorruttavat suurta paratiisia
jossa kaikkien käy hyvin
jossa kaikkien on helpompaa olla hyvä
pelkällä läsnäolollaan
vaikka olisi millainen sirkus mielessä
hän saa kaikki näyttämään paremmalta

     jäljelle jääkö vain sade kuin jauhelihan paistamisen
ääni

ja loputon yksinäisyys ja onnen ja surun kyyneleet yh-
dessä

63

VI

Ristiinkietoutuneet

Oi Mama, ymmärrä ja auta mua
olen niin kyllästynyt olemaan ei-mitään

Oi Mama, ymmärrä ja tue mua tässä
olen niin kyllästynyt olemaan ei-toivottu

Oi Mama, nyt täytyy mennä kaduille
olen niin kyllästynyt olemaan mies

Oi Mama, nyt täytyy pukeutua naiseksi
olen niin kyllästynyt tylsän miehen ihooni

baarissa hän hymyilee, laittaa homon siipeni lentä-
mään
kuin olisin Edith Piaf tai värikkään Barcelonan legendaa

taas hän hymyilee, laittaa prinsessan siipeni lentä-
mään
kuin siipieni kärjet olisivat onnekasta menestyjää, mat-
kaajaa

ja myrskytalvi riepottelee rappiotamme
varjoissaeläjiä olemme, tutkimme toimistomme antia
tehdä projekteja, tehdä tulevaisuutta, tehdä sopimuksia
täällä

ja yhdessä kostamme naisille, Äiti tää on pakko tehdä
ja yhdessä kostamme ihollemme, Äiti tää on pakko tehdä

Rakas Äiti, haluan ääriviivojeni kaunistuvan uudelleen
Rakas Äiti, vain puheenäänessäsi huvitan naisia

asunnossa hän lohduttaa, saa minut tuntemaan ihmi-
seksi
ja huomaan että suutelen ihmistä joka antaa minulle
kaiken

asunnossa minä lohdutan, saan hänet tuntemaan ihmi-
seksi
ja huomaan että hän suutelee minua joka kietoutuu
häneen aina

ja huppupäisenä kävelen kohti kotiani,
mutta sydämeni on vapaa, vapaampi
ja surun lapsena kävelen kohti kotiani
mutta sydämeni on vapaa, vapaampi

Aikuinen nainen on satama

   hän on kaupunki, meri asunnon ikkunasta
hän on asunto jonka nurkissa vilisee kissoja
hänen kätensä suojelevat aina heikkoutta
hän on vahva suru kaupungin jäässä mustassa

   hän on Prahan puhtautta, sen lintujen laulua
hän on valtavaa tahtoa terapeutin huoneessa
hänen lanteillaan vilisee riitoja vastuusta
hän passiivisesti vastaanottaa makuuhuoneessa

jonain päivänä minä tulen sinne kasvamaan
lupaan tehdä kaikkea ja enemmän
jonain päivänä minä tulen sinne vapautumaan
lupaan antaa kaikkea ja enemmän

   hän on vapautta ja ikuista moraalisuuden vuorta
hän on kova ja taitava baletin perinteen jatkaja
hänen valkoinen viulu kylmiä väreitä soittaa
hän on viulu joka soittaa kylmää rakkauden voittoa

   hän on satama jossa vilisevät ikuiset, pyhät draamat
hän on sadetta, kuin sade puhdistaisi lehdet mustat
hänen sateensa on jossain kuin oma tarkoituksensa
hän on kaatosade joka puhdistaa, vapauttaa sairauksista

Tampereen kosket

pitkä ja poukkoileva tie
joka johtaa puheeseen
ei tule ikinä katoamaan
olen nähnyt sen tien ennenkin
se aina jättää minut luoksesi
syksysi sairaalan riippukeinuun

pitkä ja poukkoileva tie
joka johtaa hetkiin asuntojen
sade puhdisti likaa tuulilasista
laiskana katsoin hengittävää pimeyttä
ihmetellen ojien mustavalkoisuutta
ehkä joskus innostun puhumaan

Tampereen kosket
Tampereen nukkumalähiöt
Tampereen kosket
Tampereen nukkumalähiöt

pitkä ja poukkoileva tie
joka johtaa hetkiin asuntojen
varjoni häipyy jossakin poispäin
ajatukseni häipyvät jostakin pois
olen nähnyt sen tien ennenkin
se aina jättää minut tänne
koskiin Tampereen näkymien

monta kertaa olen ollut yksin
monta kertaa olen itkenyt

monta kertaa olen yrittänyt
opetella itsensä tutkimaan
verkosto sai minut koskettumaan

    ja silti näen nukkumalähiön
talven lämpimän hehkun
televisioiden poltteen rinteessä

    sinä jätit minut tänne
älä jätä minua odottamaan
vie minut ovellesi